¿Conoces el océano?

Joan Chapman

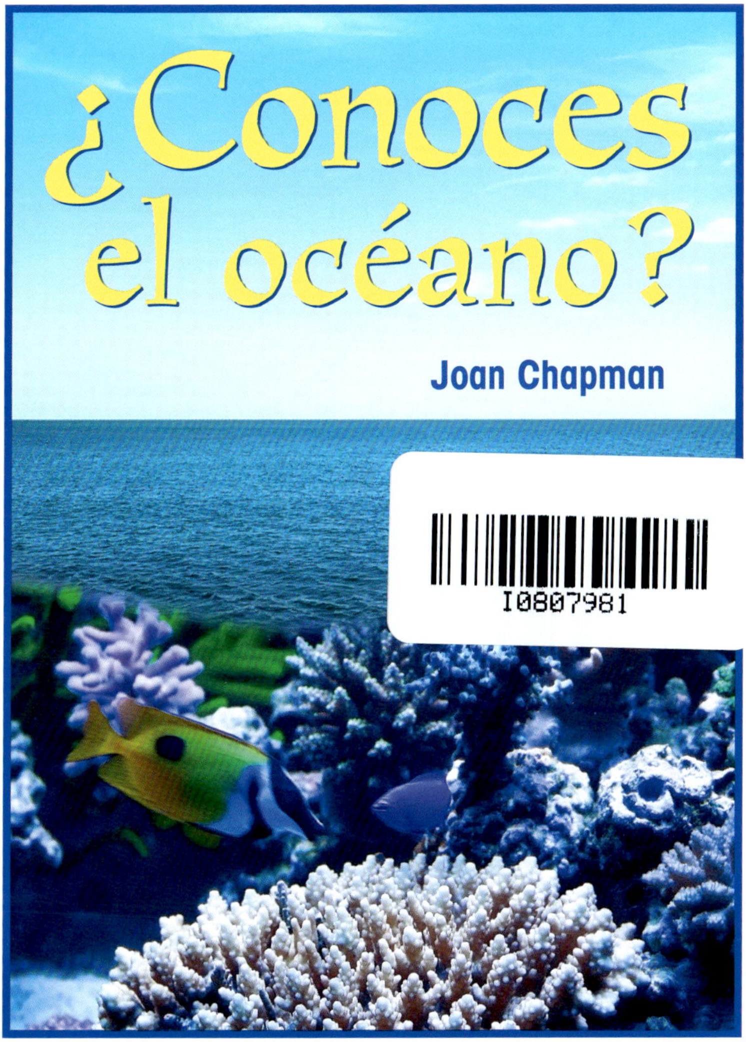

Traducción al español: José María Obregón

Rosen REAL READERS en español

Rosen Classroom Books & Materials
New York

El océano está lleno de agua salada.

Muchas clases de peces viven enel océano.

Los tiburones viven en el océano.

Las ballenas viven en el océano.

Muchas clases de plantas viven en el océano.

En el océano se puede nadar y jugar.

Palabras que debes saber

(las) ballenas

(el) océano

(los) peces

(las) plantas

(los) tiburones